So geht es:

 Sprich und schwinge.

 Lies.

 Streiche durch.

 Schreibe.

 Verbinde.

 Male.

 Markiere.

 Kreuze an.

 Male an.

schwingen

merken

verlängern

ableiten

Vokallänge prüfen

auf Großschreibung achten

1

Genau lesen

1 Welcher Text passt? Kreuze an.

Simon hat Langeweile. Er könnte an seiner Burg weiterbauen. Oder soll er den Roboter durch das Zimmer steuern? Draußen scheint die Sonne. Genau das richtige Wetter zum Fußballspielen.

Simon hat Langeweile. Was soll er machen? Draußen ist nicht das richtige Wetter zum Fußballspielen. Es regnet. Er könnte in seinem Buch weiterlesen. Oder soll er mit dem neuen Kran spielen?

Tim hat Langeweile. Was soll er tun? Er könnte an seiner Burg weiterbauen. Oder soll er mit den Dinos spielen? Draußen scheint die Sonne. Genau das richtige Wetter zum Fußballspielen.

Ein Akrostichon schreiben

1 Finde passende Wörter. Achte auf den Buchstaben am Anfang.

P apagei   F ee   F
I nsel   A   R
R aub   N   E
A nker   T   U
T ruhe   A   N
E delstein   S   D
N arbe   I   E
   E

> Bei einem Akrostichon stehen die Buchstaben eines Wortes untereinander. Jeder Buchstabe bildet den Anfang eines neuen Wortes.

Sprich das Wort langsam und deutlich. Achte dabei auf jeden Laut.
Sprich in Silben und schwinge dazu.

1 Zeichne Silbenbögen. Markiere die Vokale,
Umlaute und Zwielaute.

So ß e   trampeln   schreiben   neugierig

Freitag   gemütlich   Baumstamm   Käsekuchen

> Vokale sind
> A a, E e, I i, O o, U u.
> Umlaute sind
> Ä ä, Ö ö, Ü ü.
> Zwielaute sind
> Au au, Ei ei, Eu eu.

© Westermann

2 Ordne nach dem Abc und schreibe.

Baumstamm,

Richtig schreiben

Lange und kurze Vokale

Sprich das Wort langsam und deutlich.
Wird der Vokal **kurz** oder **lang** gesprochen?

die Schule

Das **u** wird lang gesprochen

die Schulter

Das **u** wird kurz gesprochen

1 Schreibe und schwinge. Markiere den Vokal in der ersten Silbe.
Ist er kurz ● oder lang __ ?

 Wasser

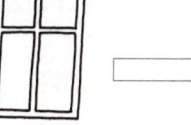

| Vase | Fenster | Feder | ~~Wasser~~ | Hammer | Tisch |

Wortarten erkennen

1 Male an und schreibe. 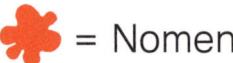 = Nomen  = Verb 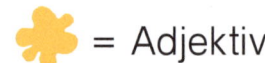 = Adjektiv

Nomen	Verb	Adjektiv
der Baum	laufen	bunt

© Westermann

Nomen großschreiben

1 Finde die Nomen. Markiere sie.

> Wörter für Menschen, Tiere, Pflanzen und Dinge sind **Nomen**.
> Nomen gibt es in der Einzahl und in der Mehrzahl.
> Nomen können einen Artikel haben. Nomen schreibt man **groß**.

B	R	U	D	E	R	Q
Z	S	C	H	E	R	E
D	G	R	A	S	O	U
W	Q	U	A	L	L	E
Y	X	H	U	N	D	Ä
P	I	L	O	T	M	F
A	N	A	N	A	S	X
V	C	S	P	I	E	L

2 Ordne die Nomen richtig zu. Schreibe sie mit Artikel.

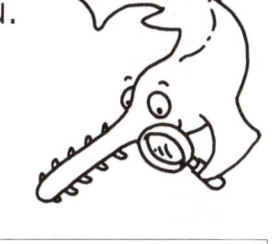

Menschen: _der Bruder,_ _____

Dinge: _____

Pflanzen: _____

Tiere: _____

Richtig schreiben

Sätze und Satzzeichen

Es gibt verschiedene Satzarten: **Aussagesatz**, **Fragesatz** und **Aufforderungssatz**. Am Satzende stehen Satzzeichen. **. ? !**

1 Welche Satzzeichen passen? Trage ein.

Spielst du mit mir **?**

Hast du mein Buch gesehen ☐

Bei wem haben wir Mathe ☐

Komm schnell ☐

Lass mich in Ruhe ☐

Da ist schon Frau Fink ☐

Ich habe jetzt keine Lust ☐

Was ist denn mit dir los ☐

Ja, es liegt im Regal ☐

Warte auf mich ☐

2 Immer zwei Sätze gehören zusammen. Verbinde sie.

Sprache untersuchen

© Westermann

1 Markiere die Nomen und Satzanfänge im Text.

<mark>beim</mark> <mark>sport</mark> läuft max neben lena. beide sind gute sportler. das ziel ist schon zu sehen. plötzlich stolpert max über eine wurzel und fällt hin. so ein schreck! lena hilft ihm auf die beine. max hat eine wunde am knie. aber er ist tapfer. dann gewinnen sie beide gemeinsam.

2 Schreibe richtig auf.

Beim Sport

1 Setze Reimwörter ein. Male die Katze richtig an.

Es war einmal eine graue Katze

mit einer weißen [_____]

und einem schwarzen Ohr,

das kommt nicht häufig [_____].

Sie liebte es zu schlafen

bei den Fischern am [_____]

und es gab ganz frisch

an jedem Tag einen [_____].

Das machte sie ganz froh,

so schön wie hier war es [_____].

© Westermann

Hafen

nirgendwo

Tatze

vor

Fisch

Sprache untersuchen

Einen Sachtext lesen

1 Lies den Text. Markiere wichtige Stellen.

Kraken – schon gewusst?

Kraken werden auch Oktopusse genannt.
Oktopus bedeutet Achtfuß, denn Kraken
haben acht Arme. Das Gehirn eines Kraken
zieht sich wie ein Netz vom Kopf bis in
die Arme. Kraken haben keine Knochen.
Daher sind sie sehr beweglich. Kraken
besitzen drei Herzen. Ein Herz pumpt Blut
ins Gehirn und in den Körper. Zwei weitere
Herzen versorgen die Atmungsorgane.
Bei Gefahr stoßen Kraken eine Flüssigkeit
aus, die wie Tinte aussieht.

2 Schreibe Notizen zu Kraken.

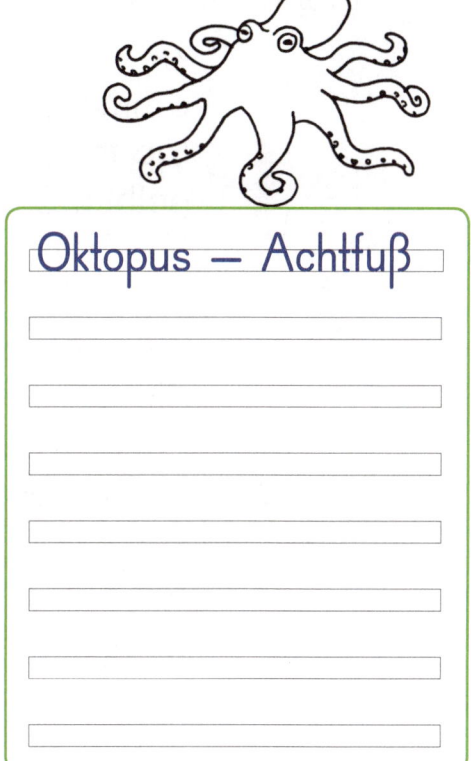

Oktopus – Achtfuß

Personenbeschreibung

1 Wie heißen die Mädchen? Schreibe die Namen und male richtig an.

Emma ist groß und hat lange blonde Locken.
Sie trägt einen blauen Pullover mit einem
gelben Smiley darauf. Ihre Hose ist hellblau.
Die Turnschuhe sind weiß und blau.

Leas rote Haare sind zu Zöpfen geflochten.
Sie ist klein und schlank. Sie hat einen lila
Pulli mit Kapuze an. Darüber trägt sie
ein blaues Kleid. Ihre Schuhe sind pink.

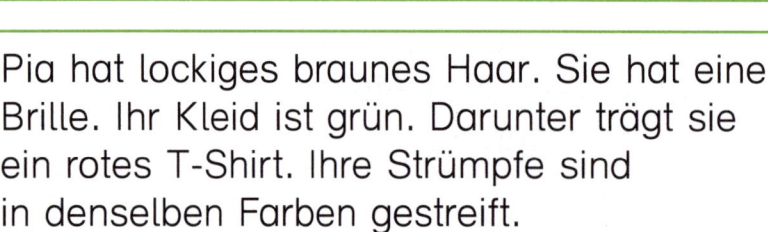

Pia hat lockiges braunes Haar. Sie hat eine
Brille. Ihr Kleid ist grün. Darunter trägt sie
ein rotes T-Shirt. Ihre Strümpfe sind
in denselben Farben gestreift.

Texte schreiben

Ein Rezept schreiben

1 Nummeriere das Rezept für Obstsalat in der richtigen Reihenfolge.

Schneide das Obst in kleine Stücke und gib es in die Schale.

Wasche die Erdbeeren und den Apfel. Schäle Banane und Kiwi.

Vermische am Schluss vorsichtig alles miteinander.

Lege zuerst ein Messer, ein Brett, eine Schale und einen Löffel bereit.

Gib nun etwas Zitronensaft auf den Salat.

2 Markiere alle Zutaten im Rezept. Schreibe sie auf.

Erdbeeren,

Texte schreiben

Sprich das Wort langsam und deutlich. Wird der Vokal **kurz** oder **lang** gesprochen? Wird er **kurz** gesprochen, folgen **mehrere Konsonanten**. Wenn du nur einen hörst, musst du ihn **verdoppeln**:
Hi**mm**el, du**mm**, e**ss**en …

1 Zeichne Silbenbögen. Markiere den Vokal in der ersten Silbe.

Mutter   offen   Tasse   rennen   dünn   Sommer

Qualle   Teller   kommen   Sonne   Messer   voll

2 Prüfe, ob der Vokal kurz oder lang ist. Schreibe richtig.

Rit/tter   

wol/llen   _____

Trom/mmel   _____

Haf/ffen   _____

14

© Westermann

Zusammengesetzte Nomen

1 Finde zusammengesetzte Nomen. Schreibe sie mit Artikel auf.

Schuhe zum Laufen: die Laufschuhe

eine Vase für Blumen:

eine Brille, die man bei Sonne trägt:

ein Kuchen für Hunde:

ein Haus im Baum:

ein Zimmer für Kinder:

eine Jacke, die man im Regen trägt:

© Westermann

Pronomen

1 Finde die passenden Pronomen und setze sie ein.

„Wie heißt __dein__ Hund?"

„_____ heißt Rocco."

„Das ist _____ Hündin Luna."

„_____ hat einen schönen Namen."

„Wohnst _____ hier in der Nähe?"

Denke an die Großschreibung am Satzanfang.

„Nein, _____ bin zu Besuch bei _____ Oma."

„Lass _____ doch zusammen Gassi gehen!"

| sie | uns | du | ~~dein~~ | meiner | ich | er | meine |

Sprache untersuchen

Wörter mit langem i-Laut

1 Markiere **ie**, **i**, **ih**, **ieh** mit verschiedenen Farben.

lieb	sie	ihr	Fibel	Biene	Igel	Vieh	Biber
ihm	es zieht	spielen		ihnen	Sieg	Tiere	wir
wiegen	viel	mir	dir	Tiger	ihren	Riese	

2 Trage die Wörter richtig in die Tabelle ein.

ie	i	ih	ieh
lieb,			

Stolperwörter

1 Finde in jedem Satz ein falsches Wort. Streiche es durch.

1 Die Katze ~~schwarz~~ hat eine Maus gefangen.

2 Ich war morgen gestern beim Arzt.

3 Hinter unserem Auto tanzt fährt ein Bus.

4 Am Baum hängen in diesem Jahr viele die Äpfel.

5 Das Schwimmbecken ist voll leer Wasser.

6 Das hinter Pferd zieht eine Kutsche.

7 Der Löwe brüllt laut heiß in der Wüste.

8 Kartoffelbrei stampfen esse ich gern.

9 Der Kittel Zahnarzt untersucht deine Zähne.

10 Ich bin habe einen großen Steinpilz gefunden.

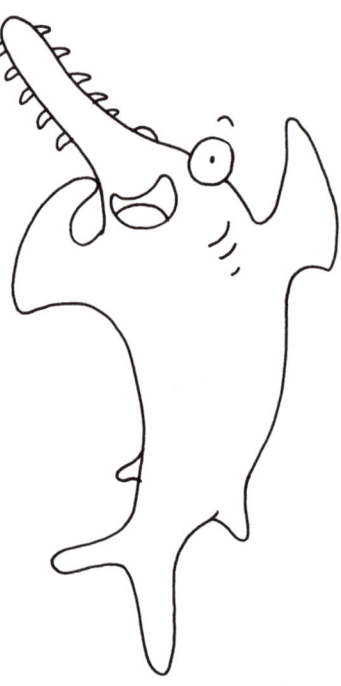

Lesen

Wortfamilie und Wortstamm

Wörter einer **Wortfamilie** haben einen gleichen oder ähnlichen Teil.
Diesen Teil nennt man **Wortstamm**: **Fahr**er, **fahr**en, weg**fahr**en.

1 Markiere die Wortstämme in verschiedenen Farben.

ver**reis**en	der **Lauf**	verlaufen	abreisen
die Reise	reiselustig	der Läufer	mitlaufen

2 Trage die Wörter richtig in die Tabelle ein.

reis		lauf	
verreisen			

Nomen mit Wortbausteinen -ung, -heit, -keit

1 Bilde Nomen mit den Wortbausteinen.
Schreibe mit Artikel.

Denke daran: Nomen schreibst du groß.

~~wohn~~	heiter	frech	heil	sauber	rett
frei	faul	schön	fröhlich	forsch	tapfer

-ung   die Wohnung,

-heit

-keit

© Westermann

20

Sprache untersuchen

1 Verbinde. Schreibe zusammengesetzte Nomen mit Artikel.

Hier brauchst du das Fugen-s: der Glücksklee

Mittag	Schild	
Advent	Tag	
Verbot	s	Kranz
Eingang	Ruhe	die Mittagsruhe
Geburt	Tor	

© Westermann

1 Welcher Satzanfang passt? Verbinde.

Zum Glück	macht die Klasse eine Nachtwanderung.
Heute	wird es dunkel.
Jetzt	geht es endlich los.
Langsam	haben alle ihre Taschenlampen dabei.

2 Schreibe die Sätze.

Heute macht die Klasse eine Nachtwanderung.

© Westermann

Texte schreiben

Sprich das Wort langsam und deutlich. Achte dabei auf jeden Laut.
Sprich in Silben und schwinge dazu.

1 Zeichne Silbenbögen. Markiere das h, wenn du es hören kannst.

sehen   Krähen   Mühe   fliehen

drehen   näher   Ruhe

Bei manchen Wörtern hört man das h nicht. Du kannst es hörbar machen.

2 Mache das h hörbar. Finde ein verwandtes Wort.

der Schuh – die Schuhe   er steht –

sie geht –   die Kuh –

das Reh –   es zieht –

Personalformen der Verben

1 Setze das Verb in der passenden Personalform ein.

> Manche Verben ändern in der gebeugten Form ihren Selbstlaut: lesen – sie liest, tragen – er trägt.

1 Paul (spielen) **spielt** gern Tischtennis.

2 Sein Freund Bruno (mögen) _____ lieber Fußball.

3 Murat (reiten) _____ fast täglich auf seinem Pferd.

4 Einige Kinder (rudern) _____ gemeinsam im Verein.

5 Lisa (fahren) _____ mit ihrem Vater Rennrad.

6 Tim und Lotte (tanzen) _____ im Ballett.

2 Markiere in den gebeugten Verben den Wortstamm.

Zeitformen: Präsens und Präteritum

1 Verbinde, was zusammengehört. Markiere die Verben.

Jenny **hat** Geburtstag.	Das Flugzeug landete.
Heute scheint die Sonne.	Jenny **hatte** Geburtstag.
Das Flugzeug landet.	Gestern schien die Sonne.

2 Vervollständige.

> Präsens ist die Gegenwart,
> Präteritum ist die Vergangenheit.

Grundform	Präsens	Präteritum
haben	sie hat	sie hatte

Wortfelder

1 Schreibe die Verben zum passenden Wortfeld.

> rätseln   rennen   ~~betrachten~~   schleichen   erkennen
> grübeln   überlegen   flitzen   beobachten

sehen: betrachten,

denken:

gehen:

2 Welches Wort passt besser? Setze ein.

Die Detektive (denken) _____, wer wohl die Juwelen hat.

Die Kinder (gehen) _____ um die Wette.

Die Leute (sehen) _____ die Bilder im Museum.

26

Adjektive mit Wortbausteinen -ig, -lich

1 Markiere die Wortbausteine -ig und -lich in verschiedenen Farben.

> glücklich ~~lustig~~ mutig fröhlich traurig ängstlich endlich eckig

2 Schreibe die Adjektive in die Tabelle.

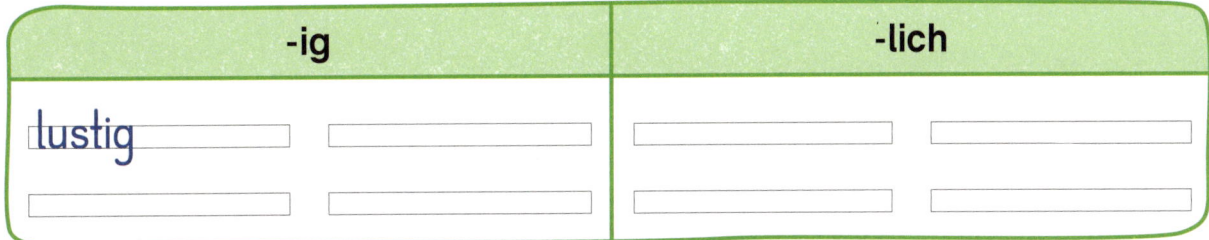

-ig		-lich	
lustig			

3 Bilde Adjektive.

der Sand – sandig   das Glück – ⬚   das Gift – ⬚

der Sport – ⬚   der Freund – ⬚   der Mut – ⬚

Vergleichsstufen der Adjektive

Mit Adjektiven kannst du Dinge vergleichen: lang – länger – am längsten.

1 Immer drei Adjektive gehören zusammen.
Markiere sie mit verschiedenen Farben.

klein   am schnellsten   schneller   kleiner

schöner   stark   schnell   am schönsten

am stärksten   am kleinsten   schön   stärker

2 Schreibe. Markiere die Endungen.

Grundstufe	1. Vergleichsstufe	2. Vergleichsstufe
klein	kleiner	am kleinsten

28

© Westermann

Fragen zu einem Text beantworten

1 Lies genau.

Heute ist ein sonniger Tag. Paul, Frieda und Matteo wollten sich um 15.00 Uhr im Park treffen. Paul und Frieda stehen am Eingang. Paul hat seinen Basketball mitgebracht. Matteo ist nicht zu sehen. Nach zwanzig Minuten wollen die beiden nicht länger warten. Sie gehen zum Basketballfeld. Doch was ist das? Dort spielen schon zwei Kinder. „Das ist Matteo mit seiner Schwester!", ruft Paul. Verärgert meint Frieda: „Da hätten wir noch lange warten können." Matteo hat sie entdeckt und fragt: „Warum kommt ihr denn jetzt erst? Wir wollten uns doch hier um 15.00 Uhr treffen."

2 Markiere die Antworten im Text. Beantworte die Fragen.

Wann wollten sich die Kinder treffen?

Was hat Paul mitgebracht?

Wie lange warten Paul und Frieda?

Wörter mit ä und äu ableiten ⚡

Überlege: Gibt es ein verwandtes Wort mit **a** oder **au**?

1 Verbinde und schreibe die verwandten Wörter. Markiere äu und au.

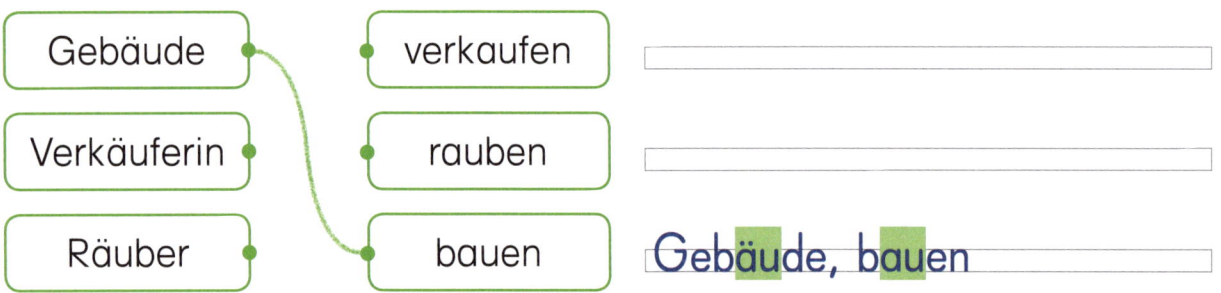

Gebäude	verkaufen	
Verkäuferin	rauben	
Räuber	bauen	Gebäude, bauen

2 Bilde die Grundform. Suche nach verwandten Wörtern.

du fängst – fangen, der Fänger, er

er hält –

du trägst –

30

Richtig schreiben

© Westermann

Wörter richtig schreiben

1 Markiere die Wortgrenzen. Schreibe die Nomen mit Artikel.

HUND|KATZEKATERMAUSEULEVOGELPONYZEBRAREHFUCHSSPINNE

der Hund,
_____

_____

_____

werfen|vorsichtigwachsenzeichnenlustigteuertrinkenquakenregnenmöglich

werfen,
_____

_____

_____

Satzglieder: Die Umstellprobe

Ein Satz besteht aus **Satzgliedern**. Sie können aus einem oder mehreren Wörtern bestehen. Durch die Umstellprobe findest du heraus, aus wie vielen Satzgliedern ein Satz besteht.

Satzglieder bleiben beim Umstellen des Satzes zusammen.

| mit seinem Hund | jeden Tag | Tom | spielt |

1 Bilde verschiedene Sätze. Findest du auch einen Fragesatz?

Tom spielt

Subjekt und Prädikat

Sätze haben ein **Subjekt** und ein **Prädikat**. Nach dem
Subjekt fragst du: **Wer oder was?** Nach dem Prädikat
fragst du: **Was tut jemand?** oder **Was geschieht?**

1 Frage nach dem Subjekt und dem Prädikat. Unterstreiche richtig.

Die Katze | jagt | im Garten.

Wer oder was jagt? die Katze   Was tut die Katze? jagt

Der Igel | schläft | im Laub.

Wer oder was   Was tut

Der Bus | fährt | schnell.

Eine Wegbeschreibung

1 Beschreibe Karls Weg zur Schule.

Die Begriffe im Kasten können dir bei der Wegbeschreibung helfen.

links   rechts   biegt ab   geradeaus
geht vorbei   zuerst   dann   entlang

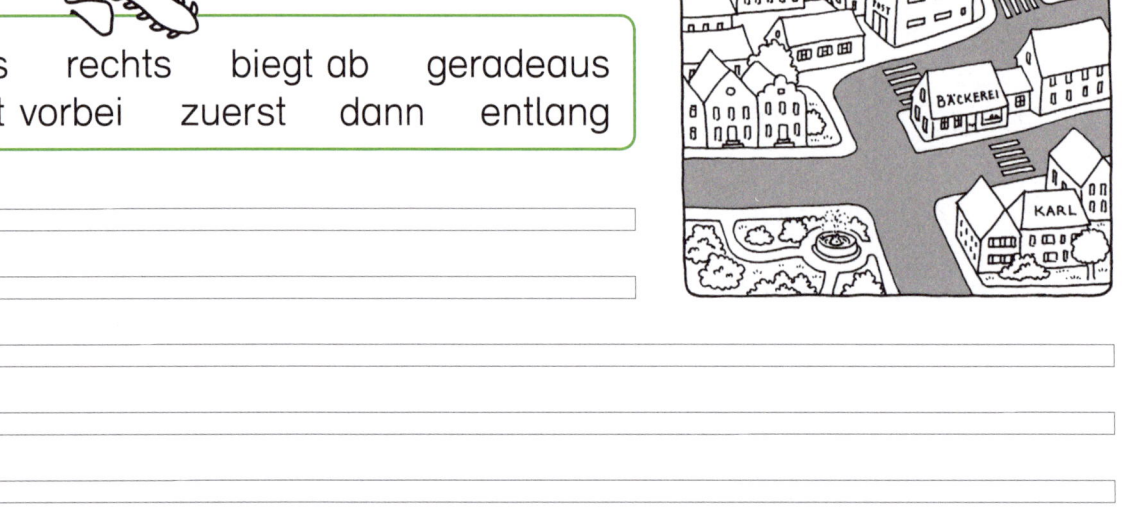

34

Wörter mit tz und ck

1 Markiere tz in den Wörtern. Verbinde die Reimpaare. Schreibe.

Schli**tz**	Tatzen
sitzen	Platz
Satz	flitzen
Fratzen	Wi**tz**

Schlitz – Witz

2 Markiere ck in den Wörtern. Suche verwandte Wörter. Schlage nach.

ba**ck**en   Backofen, Bäcker,

Glück

wecken

Ecke

1 Welche Verbformen gehören zusammen?
Verbinde und schreibe die Grundform.

ich gehe	ich habe gespielt	
du schreibst	wir haben geraten	
ihr rennt	ich bin gegangen	gehen
sie taucht	er hat gelesen	
wir raten	ihr seid gerannt	
er liest	du hast geschrieben	
ich spiele	sie ist getaucht	

© Westermann

Sprache untersuchen

Verlängere das Wort am Ende und sprich es dann deutlich.

1 Verlängere die Wörter und markiere. Schreibe richtig auf.

 Zwer **g/k** ➡ viele Zwerge , also ➡ Zwerg

 Kor **b/p** ➡ viele _____ , also ➡ _____

 Han **d/t** ➡ viele _____ , also ➡ _____

 Stran **d/t** tuch ➡ viele Strände , also ➡ Strandtuch

 Bur **g/k** tor ➡ viele _____ , also ➡ _____

 er schrei **b/p** t ➡ wir _____ , also ➡ er _____

 es lie **g/k** t ➡ wir _____ , also ➡ es _____

Genau lesen und anmalen

1 Lies genau und male richtig an. Schreibe Name und Hobby auf.

- Jannes und Greta spielen Handball.
- Ganz rechts steht Paula. Sie trägt eine rote Mütze.
- Zwischen den Mädchen steht Lennart. Er trägt ein blaues T-Shirt.
- Greta hat braune Haare. Ihr grünes T-Shirt hat die Nummer 3.
- Der Junge ganz links hat rote Haare und einen Ball.
- Paula und Jannes tragen gelbe Pullover. Paula mag Eislaufen.
- Der blonde Lennart zaubert gern. Er hat seinen Zauberstab dabei.

s oder ß?

1 Verlängere die Wörter und markiere. Schreibe richtig auf.

das Gra **s/ß** ➡ viele Gräser , also ➡ Gras

der Spie **s/ß** ➡ viele _____ , also ➡ _____

der Krei **s/ß** ➡ viele _____ , also ➡ _____

der Spa **s/ß** ➡ viele _____ , also ➡ _____

der Flei **s/ß** ➡ fleißig , also ➡ Fleiß

das Ei **s/ß** ➡ _____ , also ➡ _____

er gie **s/ß** t ➡ gießen , also ➡ _____

sie schmu **s/ß** t ➡ _____ , also ➡ _____

sie lie **s/ß** t ➡ _____ , also ➡ _____

1 Lies den Comic. Schreibe das Gespräch mit wörtlicher Rede auf.

1 Aua! Das tut weh!

2 Ich helfe dir!

3 Was tut dir weh?

4 Ich glaube, mein Fuß ist verstaucht.

Pepe schreit: „Aua! Das tut weh!"

Lina ruft: „

Lina

Pepe

Achte auf die Redezeichen!

40

© Westermann

Wörtliche Rede

1 Schreibe auf, wie das Gespräch weitergeht.

1
Kannst du aufstehen?

2
Ich kann nicht auftreten.

3
Warte, ich habe eine Idee!

4
Fliegen wir etwa?

Lina fragt: „

Pepe

Lina

Pepe wundert

Eine Geschichte weiterschreiben

1 Schreibe auf, wie die Geschichte weitergeht.

2 Denke dir einen Schluss aus. Zeichne dazu.

Merkwörter M

1 Markiere in jedem Wort eine Merkstelle. Schreibe die Nomen mit Artikel.

> Keks   Pferd   Bohne   Lexikon   März   Vogel   Quiz   Mädchen
> Fuchs   Handy   Boot   Pullover   Comic   Baby   Käfig   See

der Keks,

2 Markiere die Wortgrenzen. Schreibe die kleinen Merkwörter auf.

undichobwarabernachihnistdiealssichihrnichtdochmeinjetztwenn

und,

1 Welcher Text passt? Kreuze an.

Drei Seesterne schweben durch das Wasser. Ein alter Stiefel liegt auf dem Grund. Drei kleine Fische kreisen um einen Angelhaken. Drei Schwertfische kreisen um ein Boot.

Zwei Schwertfische kreisen um einen alten Schuh. Zwei Seesterne schweben durch das Wasser. Ein Fisch hängt am Haken. Im Wasser wachsen Algen. Drei kleine Fische schwimmen am Boot.

Zwei Schwertfische kreisen um ein Boot. Kein Fisch hängt am Haken. Drei Seesterne schweben durch das Wasser. Auf dem Grund liegt ein alter Schuh. Im Wasser wachsen Algen.

44

© Westermann

Das kann ich schon!

1 Welche Wörter gehören zu einer Wortfamilie?
Markiere die Wortstämme in verschiedenen Farben.

spitz	Frage	ermutigen	freudig	mutig	Mutprobe
Freude	befragen	Nadelspitze	fragen	freudlos	fraglich
Mut	Spitze	anspitzen	freuen	erfragen	spitzenmäßig

2 Schreibe nach Wortarten geordnet auf.

Nomen	Verb	Adjektiv

1 Lies den Text. Markiere wichtige Stellen.

Astronauten – Schon gewusst?

Astronauten fliegen in den Weltraum.
In einer Raumstation wohnen und
forschen sie mehrere Monate lang.
Im Weltall ist man schwerelos. Daran
müssen sich die Astronauten gewöhnen.
Zum Schlafen schnallen sie sich an.
Statt einer Toilette benutzen Astronauten
einen Beutel. Bei Arbeiten außerhalb
der Raumstation tragen sie einen Raum-
anzug und sind durch ein Seil gesichert.

© Westermann

2 Schreibe Notizen zu Astronauten.

1 Gibt es ein verwandtes Wort mit a oder au? Schreibe richtig.

R **ä/e** tsel ⬚   du tr **äu/eu** mst ⬚

k **ä/e** mmen ⬚   Geb **äu/eu** de ⬚

W **ä/e** lt ⬚   Str **äu/eu** cher ⬚

2 Verlängere die Wörter und schreibe richtig. Markiere.

 Ber **g/k** ➡ viele ⬚ , also ➡ ⬚

⬤ Krei **s/ß** ➡ viele ⬚ , also ➡ ⬚

Fel **d/t** ➡ viele ⬚ , also ➡ ⬚

Gan **s/ß** ➡ viele ⬚ , also ➡ ⬚

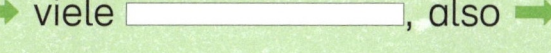 sie he **b/p** t ➡ wir ⬚ , also ➡ sie ⬚

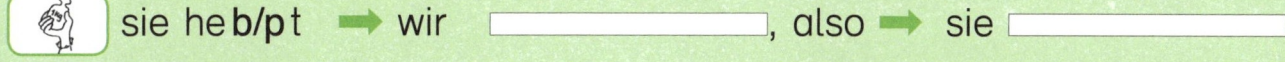 er gie **s/ß** t ➡ wir ⬚ , also ➡ er ⬚

© Westermann

Das kann ich schon!

1 Schreibe zu den Bildern eine Geschichte.
Denke dir einen Schluss aus und zeichne dazu.

Lina und Pepe

Das kann ich   Texte schreiben